AF175883

Impressum
Verlag: BABADADA GmbH, Nedderfeld 112 , 22529 Hamburg
Geschäftsführer / Verlagsleitung: Harald Hof
Druck: Books on Demand GmbH, In de Tarpen 42, 22848 Norderstedt

Imprint
Publisher: BABADADA GmbH, Nedderfeld 112 , 22529 Hamburg, Germany
Managing Director / Publishing direction: Harald Hof
Print: Books on Demand GmbH, In de Tarpen 42, 22848 Norderstedt

école

Szkoła

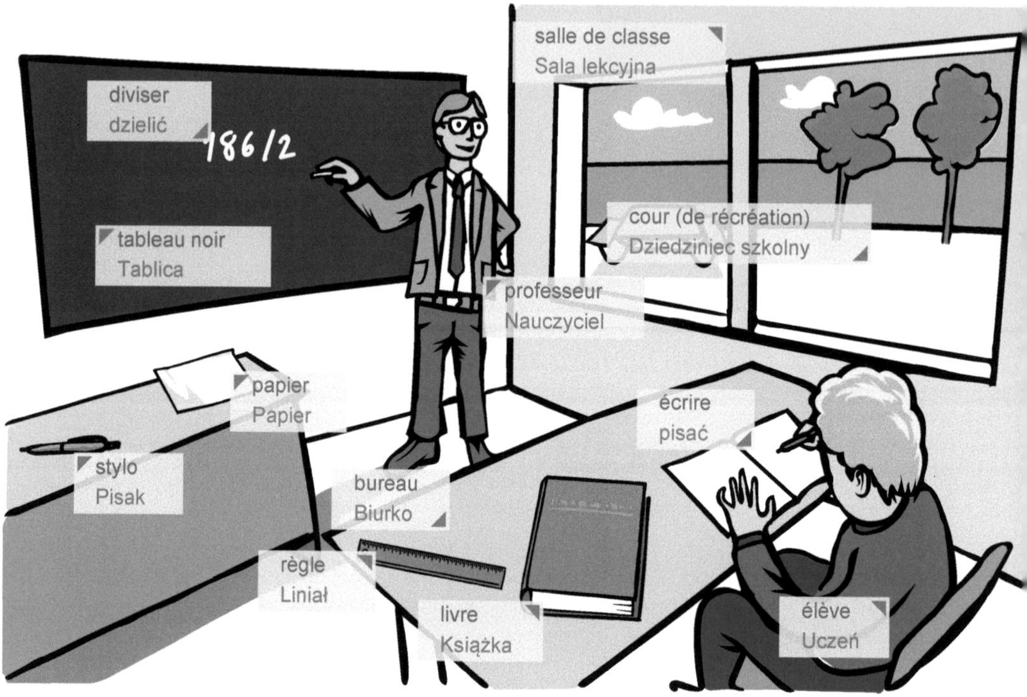
salle de classe
Sala lekcyjna
diviser
dzielić
186/2
tableau noir
Tablica
cour (de récréation)
Dziedziniec szkolny
professeur
Nauczyciel
papier
Papier
écrire
pisać
stylo
Pisak
bureau
Biurko
règle
Liniał
livre
Książka
élève
Uczeń

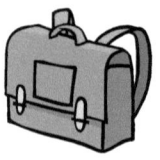

cartable

Plecak szkolny

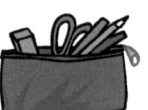

trousse

Piórnik

crayon

Ołówek

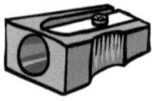

taille-crayon

Temperówka

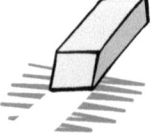

gomme

Gumka do mazania

carnet à dessin

Blok rysunkowy

dessin

Rysunek

pinceau

Pędzel

boîte de peinture

Pudełko z akwarelami

ciseaux

Nożyce

colle

Klej

cahier d'exercices

Książka do ćwiczenia

devoirs

Zadanie domowe

chiffre

Liczba

additionner

dodawać

soustraire

odejmować

multiplier

mnożyć

calculer

liczyć

lettre

Litera

alphabet

Alfabet

mot

Słowo

texte

Tekst

lire

czytać

craie

Kreda

leçon

Godzina

livre de classe

Dziennik lekcyjny

examen

Egzamin

certificat

Świadectwo

uniforme scolaire

Mundurek szkolny

formation

Wykształcenie

lexique

Leksykon

université

Uniwersytet

microscope

Mikroskop

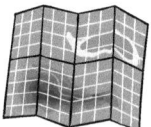

carte

Mapa

corbeille à papier

Kosz na odpadki

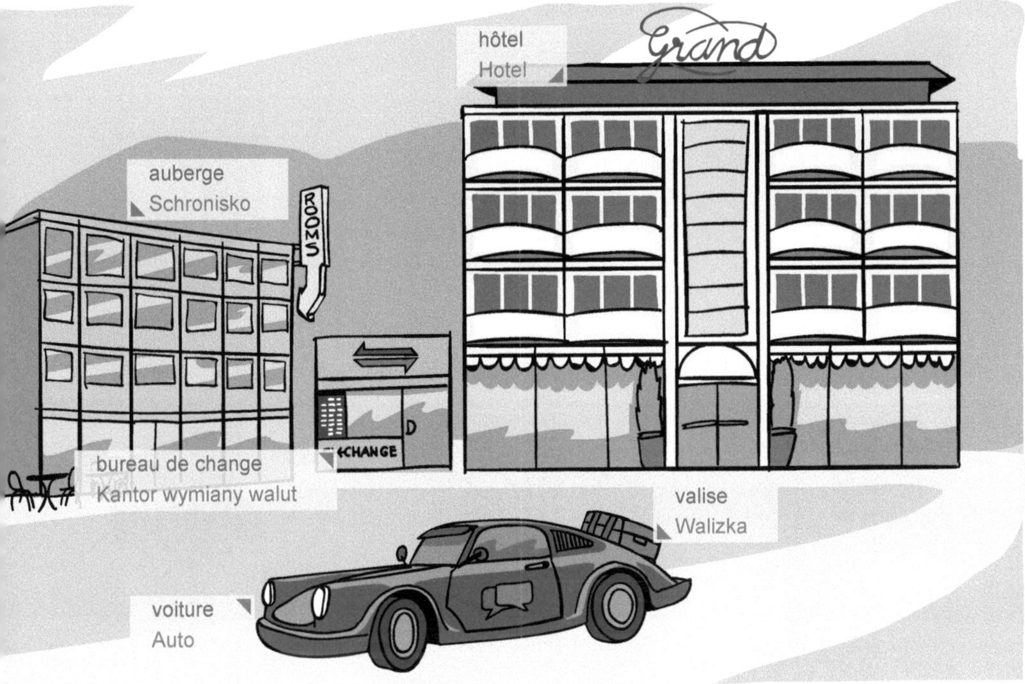

hôtel
Hotel

Grand

auberge
Schronisko

ROOMS

bureau de change
Kantor wymiany walut

EXCHANGE

valise
Walizka

voiture
Auto

langue

Język

oui / non

tak / nie

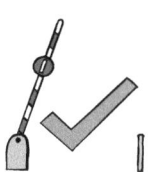

d'accord

OK

Salut

Halo

interprète

Tłumacz

merci

Dziękuję

Combien coûte...?

Ile kosztuje ...?

Je ne comprends pas

Nie rozumiem

problème

Problem

Bonsoir !

Dobry wieczór!

Bonjour !

Dzień dobry!

Bonne nuit !

Dobranoc!

Au revoir

Do widzenia

direction

Kierunek

bagages

Bagaż

sac

Torba

sac-à-dos

Plecak

hôte

Gość

pièce

Pokój

sac de couchage

Śpiwór

tente

Namiot

office de tourisme

Informacja turystyczna

plage

Plaża

carte de crédit

Karta kredytowa

petit-déjeuner

Śniadanie

déjeuner

Obiad

dîner

Kolacja

billet

Bilet

ascenseur

Winda

timbre

Znaczek na list

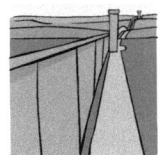

frontière

Granica

douane

Cło

ambassade

Ambasada

visa

Wiza

passeport

Paszport

transport
Transport

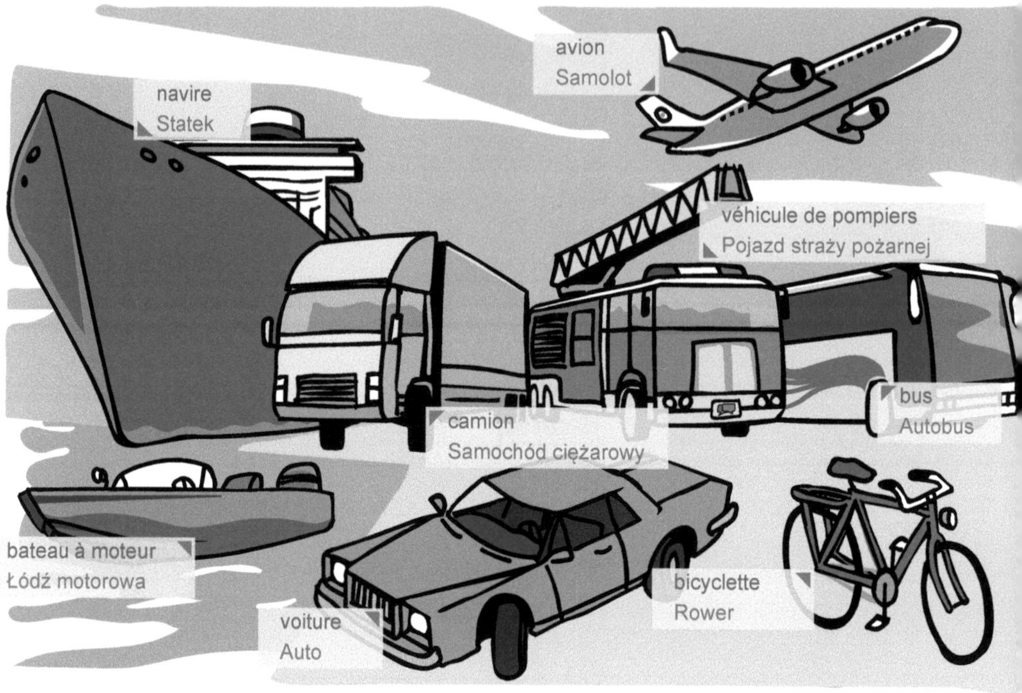
avion
Samolot
navire
Statek
véhicule de pompiers
Pojazd straży pożarnej
bus
Autobus
camion
Samochód ciężarowy
bateau à moteur
Łódź motorowa
bicyclette
Rower
voiture
Auto

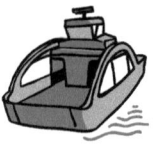

ferry

Prom

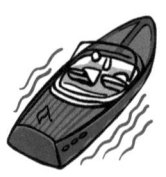

barque

Łódź

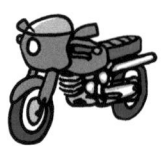

moto

Motocykl

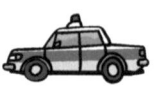

voiture de police

Radiowóz policyjny

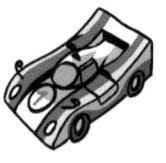

voiture de course

Samochód wyścigowy

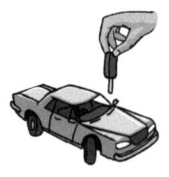

voiture de location

Samochód wypożyczony

auto-partage

Wspólne przejazdy
samochodem

voiture de remorquage

Samochód pomocy
drogowej

benne à ordures

Śmieciarka

moteur

Silnik

essence

Benzyna

station d'essence

Stacja benzynowa

panneau indicateur

Znak drogowy

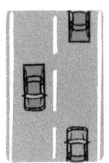

trafic

Ruch

embouteillage

Korek

parking

Parking

gare

Dworzec

rails

Szyny

train

Pociąg

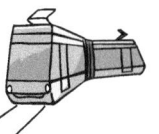

tramway

Tramwaj

wagon

Wagon

hélicoptère

Helikopter

aéroport

Lotnisko

tour

Wieża

passager

Pasażer

conteneur

Kontener

carton

Karton

chariot

Taczka

corbeille

Kosz

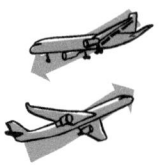

décoller / atterrir

startować / lądować

ville

Miasto

village

Wieś

centre-ville

Centrum miasta

maison

Dom

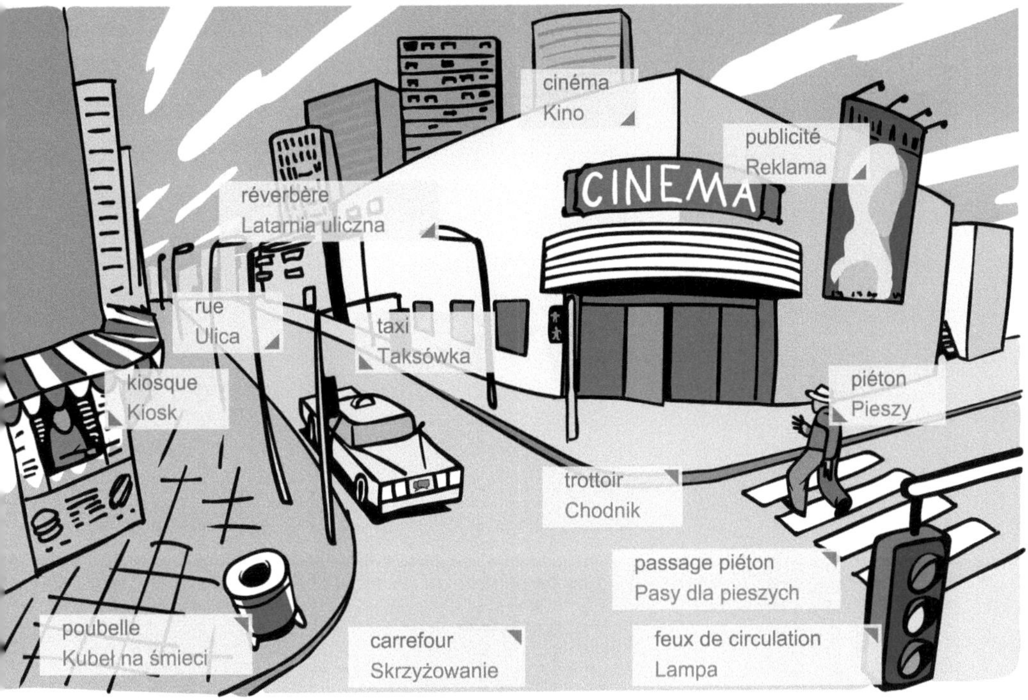

cinéma
Kino

publicité
Reklama

réverbère
Latarnia uliczna

CINEMA

rue
Ulica

taxi
Taksówka

piéton
Pieszy

kiosque
Kíosk

trottoir
Chodnik

passage piéton
Pasy dla pieszych

poubelle
Kubeł na śmieci

carrefour
Skrzyżowanie

feux de circulation
Lampa

cabane

Chata

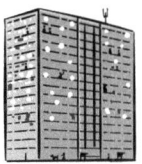

appartement

Mieszkanie

gare

Dworzec

mairie

Ratusz

musée

Muzeum

école

Szkoła

université
Uniwersytet

banque
Bank

hôpital
Szpital

hôtel
Hotel

pharmacie
Apteka

bureau
Biuro

librairie
Księgarnia

magasin
Sklep

fleuriste
Kwiaciarnia

supermarché
Supermarket

marché
Rynek

grand magasin
Dom towarowy

poissonnerie
Sklep z rybami

centre commercial
Centrum handlowe

port
Port

parc

Park

banque

Ławka

pont

Most

escaliers

Schody

métro

Metro

tunnel

Tunel

arrêt de bus

Przystanek autobusowy

bar

Bar

restaurant

Restauracja

boîte à lettres

Skrzynka na listy

panneau indicateur

Tabliczka z nazwą ulicy

parcmètre

Parkometr

zoo

Zoo

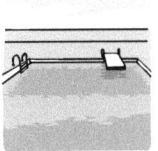

piscine

Łaźnia

mosquée

Meczet

ferme

Gospodarstwo chłopskie

pollution

Zanieczyszczenie środowiska

cimetière

Cmentarz

église

Kościół

aire de jeux

Plac zabaw

temple

Świątynia

paysage
Krajobraz

feuille
Liść

panneau indicateur
Drogowskaz

chemin
Droga

pré
Łąka

pierre
Kamień

arbre
Drzewo

randonneur
Wędrowiec

rivière
Rzeka

herbe
Trawa

fleur
Kwiat

vallée
Dolina

montagne
Góra

lac
Jezioro

forêt
Las

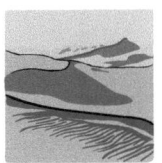

désert
Pustynia

volcan
Wulkan

château
Zamek

arc-en-ciel
Tęcza

champignon
Grzyb

palmier
Palma

moustique
Komar

mouche
Mucha

fourmis
Mrówka

abeille
Pszczoła

araignée
Pająk

coléoptère

Chrząszcz

grenouille

Żaba

écureuil

Wiewiórka

hérisson

Jeż

lièvre

Zając

chouette

Sowa

oiseau

Ptak

cygne

Łabędź

sanglier

Dzik

cerf

Jeleń

élan

Łoś

barrage

Tama

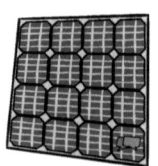

éolienne

Wiatrak

panneau solaire

Moduł solarny

climat

Klimat

restaurant
Restauracja

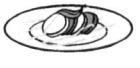

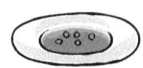

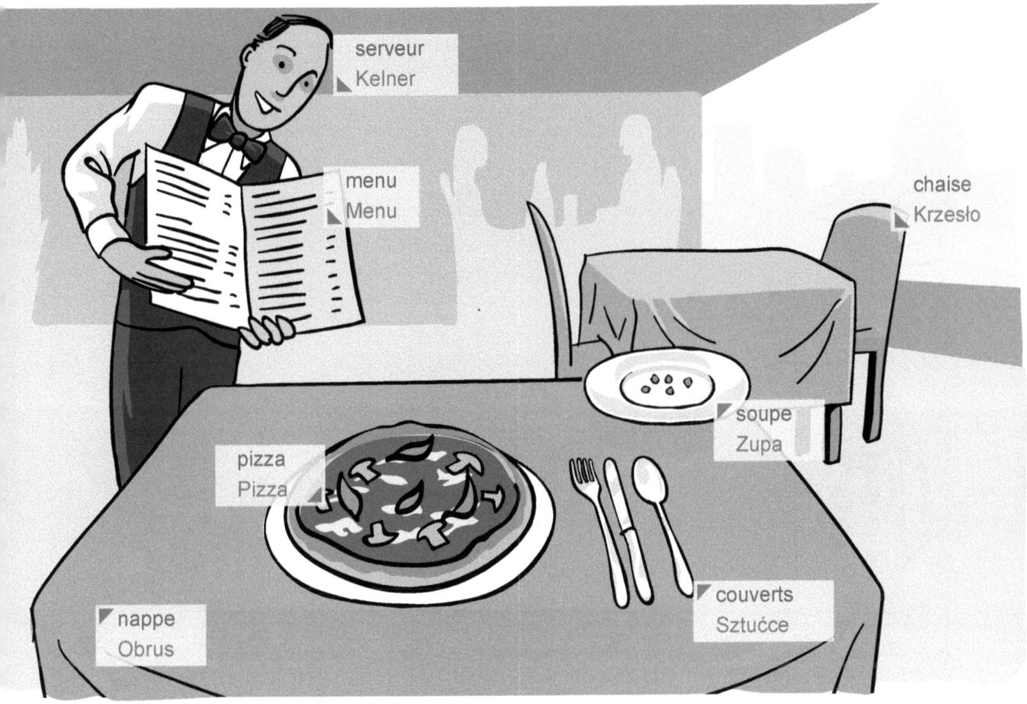

serveur
Kelner
menu
Menu
chaise
Krzesło
soupe
Zupa
pizza
Pizza
couverts
Sztućce
nappe
Obrus

hors d'œuvre

Przystawka

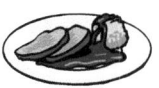

plat principal

Danie główne

dessert

Deser

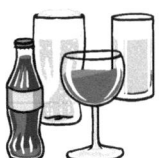

boissons

Napoje

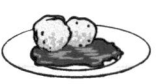

alimentation

Jedzenie

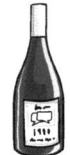

bouteille

Butelka

fast-food
Fastfood

plats à emporter
Streetfood

théière
Dzbanek na herbatę

sucrier
Cukierniczka

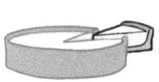

portion
Porcja

machine à expresso
Zaparzarka do espresso

chaise haute
Krzesło dla dziecka

facture
Rachunek

plateau
Taca

couteau
Nóż

fourchette
Widelec

cuillère
Łyżka

cuillère à thé
Łyżeczka

serviette
Serwetka

verre
Szklanka

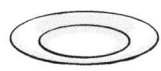

assiette

Talerz

assiette à soupe

Talerz do zupy

soucoupe

Podstawek pod filiżankę

sauce

Sos

salière

Solniczka

moulin à poivre

Młynek do pieprzu

vinaigre

Ocet

huile

Olej

épices

Przyprawy

ketchup

Keczup

moutarde

Musztarda

mayonnaise

Majonez

supermarché
Supermarket

offre promotionnelle
Oferta
FOR
client
Klient
produits laitiers
Produkty mleczne
fruits
Owoce
chariot
Wózek sklepowy

BUTCHERS

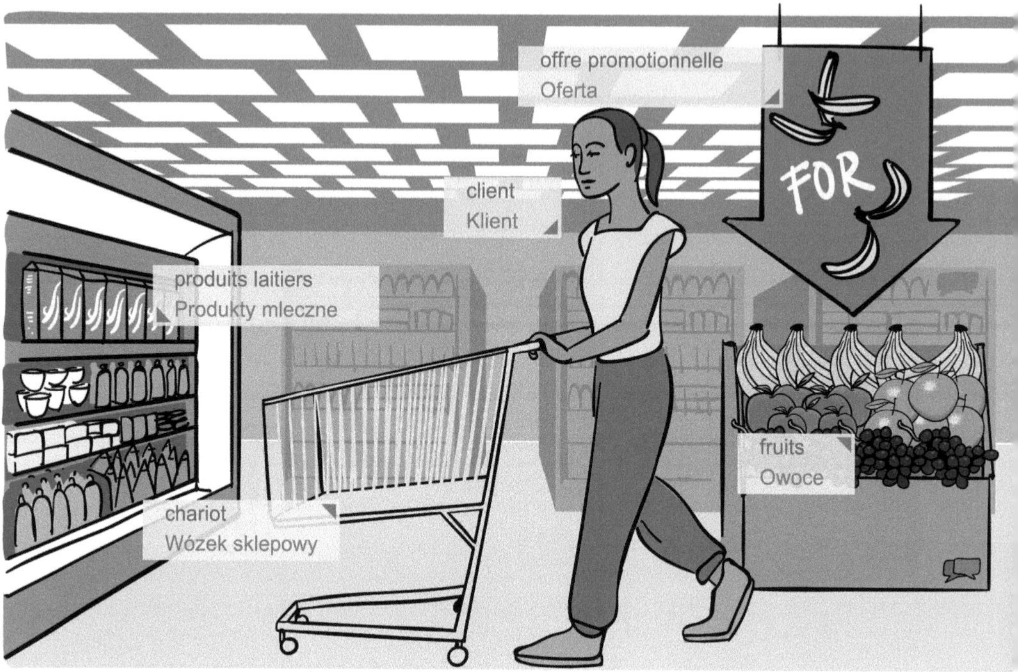

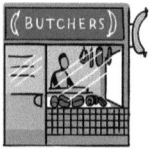

boucherie

Rzeźnia

BAKERY

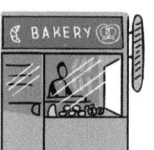

boulangerie

Piekarnia

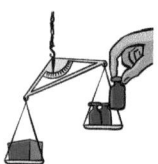

peser

ważyć

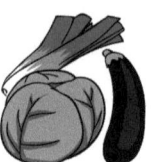

légumes

Warzywa

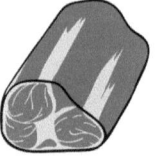

viande

Mięso

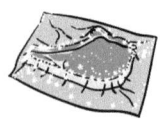

aliments surgelés

Mrożonki

charcuterie

Wędliny

conserves

Konserwy

poudre à lessive

Proszek m do prania

bonbons

Słodycze

articles ménagers

Artykuły użytku domowego

détergents

Środek czyszczący

vendeuse

Sprzedawczyni

caisse

Kasa

caissier

Kasjer

liste d'achats

Lista zakupów

heures d'ouverture

Godziny otwarcia

portefeuille

Portfel

carte de crédit

Karta kredytowa

sac

Torba

sac en plastique

Torebka plastikowa

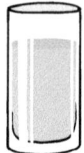

eau

Woda

jus de fruit

Sok

lait

Mleko

coca

Cola

vin

Wino

bière

Piwo

alcool

Alkohol

chocolat chaud

Kakao

thé

Herbata

café

Kawa

expresso

Espresso

cappuccino

Cappuccino

banane

Banan

pomme

Jabłko

orange

Pomarańcza

melon

Arbuz

citron

Cytryna

carotte

Marchew

ail

Czosnek

bambou

Bambus

oignon

Cebula

champignon

Grzyb

noisettes

Orzechy

pâtes

Makaron

spaghetti

Spaghetti

riz

Ryż

salade

Sałatka

pommes frites

Frytki

pommes de terre rôties

Ziemniaki pieczone

pizza

Pizza

hamburger

Hamburger

sandwich

Kanapka

escalope

Sznycel

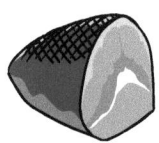

jambon

Szynka

salami

Salami

saucisse

Kiełbasa

poulet

Kura

rôti

Pieczeń

poisson

Ryba

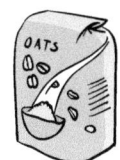

flocons d'avoine

Płatki owsiane

muesli

Musli

cornflakes

Płatki kukurydziane

farine

Mąka

croissant

Croissant

petits-pains

Bułka

pain

Chleb

pain grillé

Toast

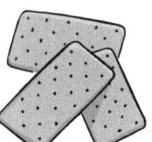

biscuits

Ciastka

beurre

Masło

le fromage blanc

Twarożek

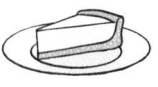

gâteau

Ciasto

œuf

Jajko

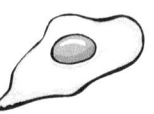

œuf au plat

Jajko sadzone

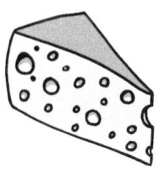

fromage

Ser

glace

Lody

sucre

Cukier

miel

Miód

confiture

Marmolada

crème nougat

Krem nugatowy

curry

Curry

ferme
Gospodarstwo chłopskie

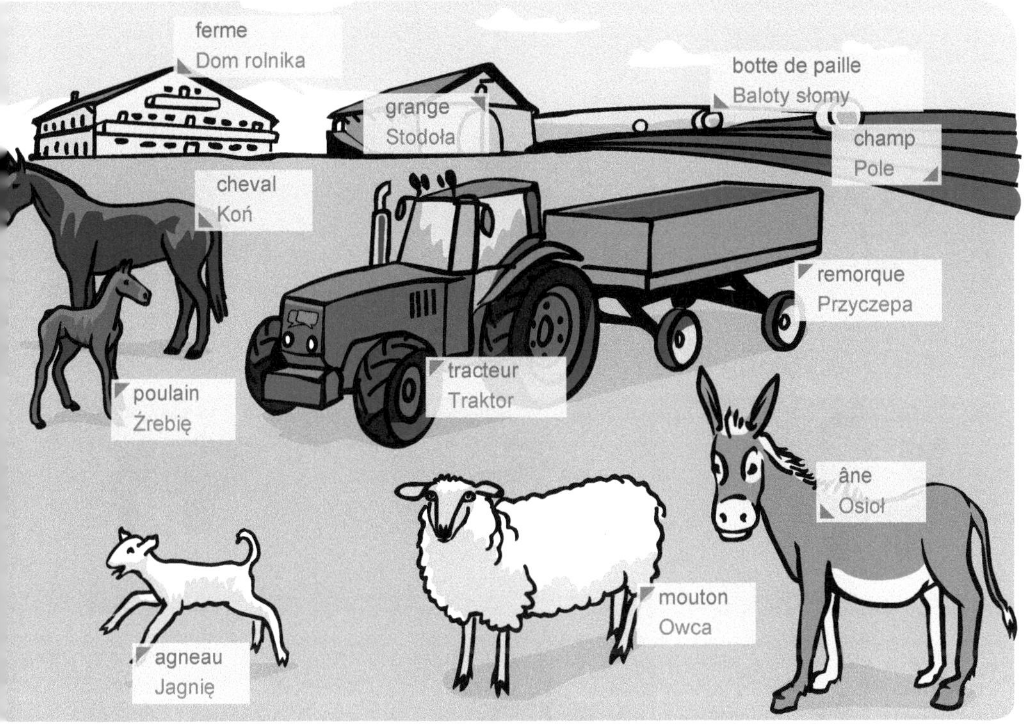
ferme
Dom rolnika
grange
Stodoła
botte de paille
Baloty słomy
champ
Pole
cheval
Koń
remorque
Przyczepa
tracteur
Traktor
poulain
Źrebię
âne
Osioł
mouton
Owca
agneau
Jagnię

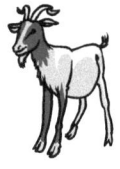

chèvre

Koza

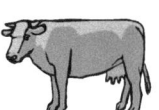

vache

Krowa

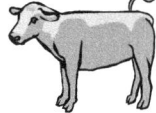

veau

Cielę

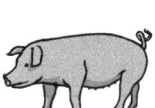

porc

Świnia

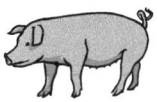

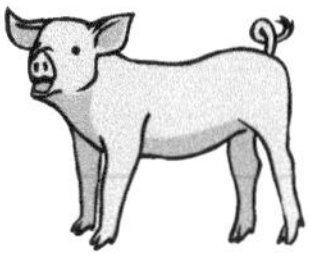

porcelet

Prosię

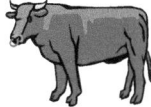

taureau

Byk

oie

Gęś

canard

Kaczka

poussin

Kurczątko

poule

Kura

coq

Kogut

rat

Szczur

chat

Kot

souris

Mysz

bœuf

Osioł

chien

Pies

chenil

Buda dla psa

tuyau de jardin

Wąż ogrodowy

arrosoir

Konewka

faucheuse

Kosa

charrue

Pług

ferme - Gospodarstwo chłopskie

faucille

Sierp

pioche

Graca

fourche

Widły

hache

Siekiera

brouette

Taczka

cuve

Koryto

pot à lait

Kanka na mleko

sac

Worek

clôture

Płot

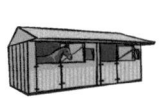

étable

Stajnia

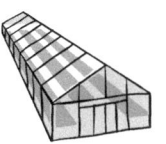

serre

Szklarnia

sol

Ziemia

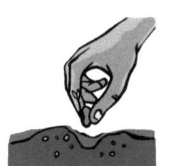

semences

Nasiona

engrais

Nawóz

moissonneuse-batteuse

Kombajn zbożowy

récolter

zbierać

récolte

Żniwa

igname

Podchrzyn

blé

Pszenica

soja

Soja

pomme de terre

Ziemniak

maïs

Kukurydza

colza

Rzepak

arbre fruitier

Drzewo owocowe

manioc

Maniok

céréales

Zboże

maison

Dom

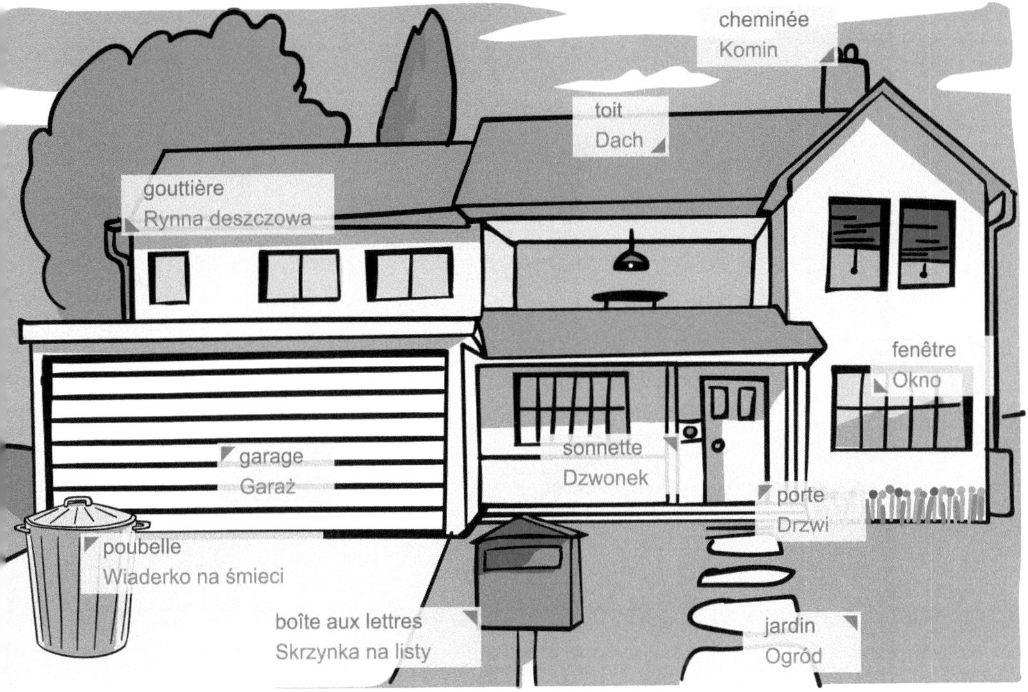

cheminée
Komin
toit
Dach
gouttière
Rynna deszczowa
fenêtre
Okno
sonnette
Dzwonek
garage
Garaż
porte
Drzwi
poubelle
Wiaderko na śmieci
boîte aux lettres
Skrzynka na listy
jardin
Ogród

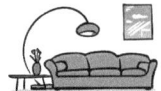

salon

Pokój dzienny

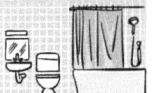

salle de bain

Łazienka

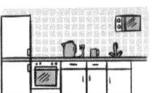

cuisine

Kuchnia

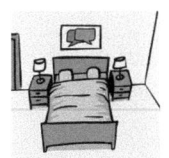

chambre à coucher

Sypialnia

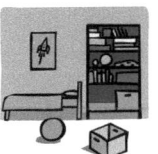

chambre d'enfant

Pokój dziecięcy

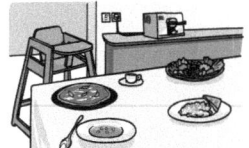

salle à manger

Jadalnia

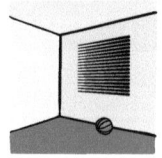

sol

Ziemia

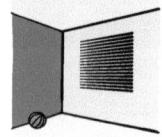

mur

Ściana

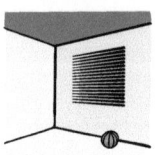

plafond

Koc

cave

Piwnica

sauna

Sauna

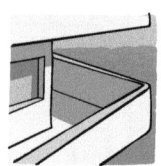

balcon

Balkon

terrasse

Taras

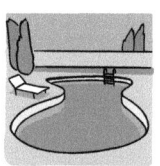

piscine

Basen

tondeuse à gazon

Kosiarka do trawy

housse

Poszwa

couette

Kołdra

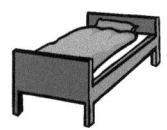

lit

Łóżko

balai

Miotła

sceau

Wiadro

interrupteur

Włącznik

salon
Pokój dzienny

papier peint
Tapeta
image
Obraz
lampe
Lampa
étagère
Regał
armoire
Szafa
télé
Telewizor
cheminée
Komin
fleur
Kwiat
coussin
Poduszka
sofa
Kanapa
vase
Wazon
télécommande
Pilot

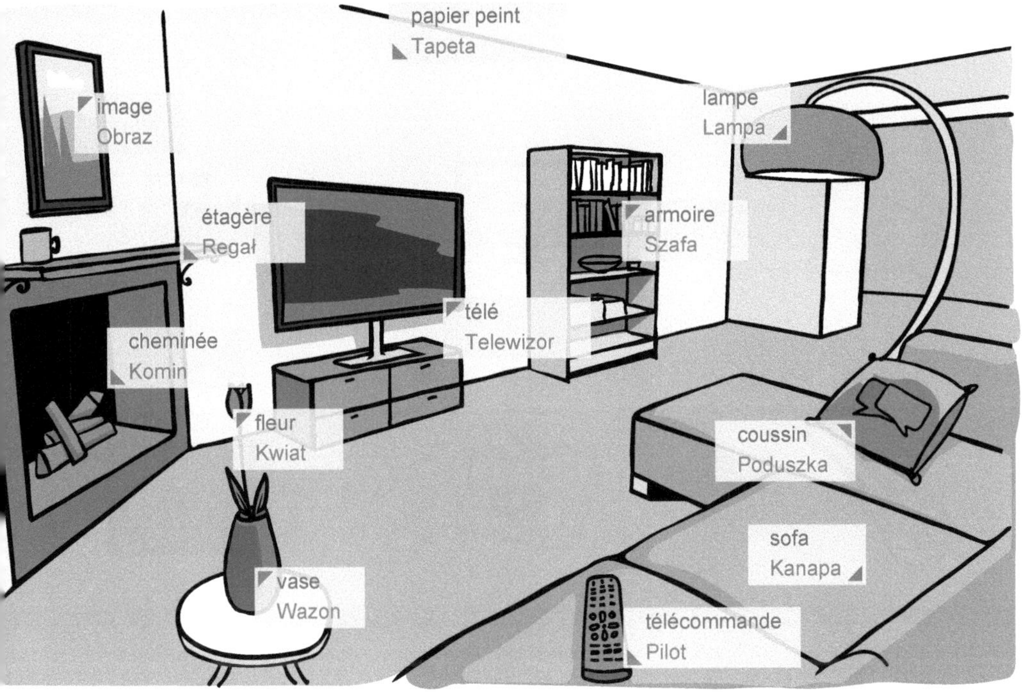

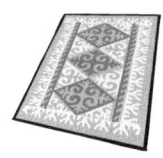

tapis

Dywan

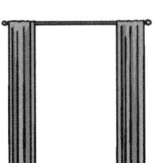

rideau

Zasłona

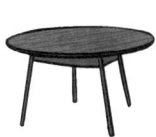

table

Stół

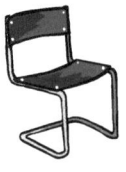

chaise

Krzesło

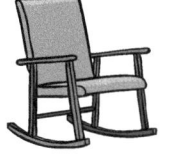

chaise à bascule

Bujak

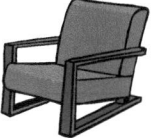

fauteuil

Fotel

livre

Książka

couverture

Sufit

décoration

Dekoracja

bois de chauffage

Drewno kominkowe

film

Film

chaîne hi-fi

Instalacja stereo

clé

Klucz

journal

Gazeta

peinture

Malunek

poster

Plakat

radio

Radio

bloc-notes

Notatnik

aspirateur

Odkurzacz

cactus

Kaktus

bougie

Świeczka

cuisine
Kuchnia

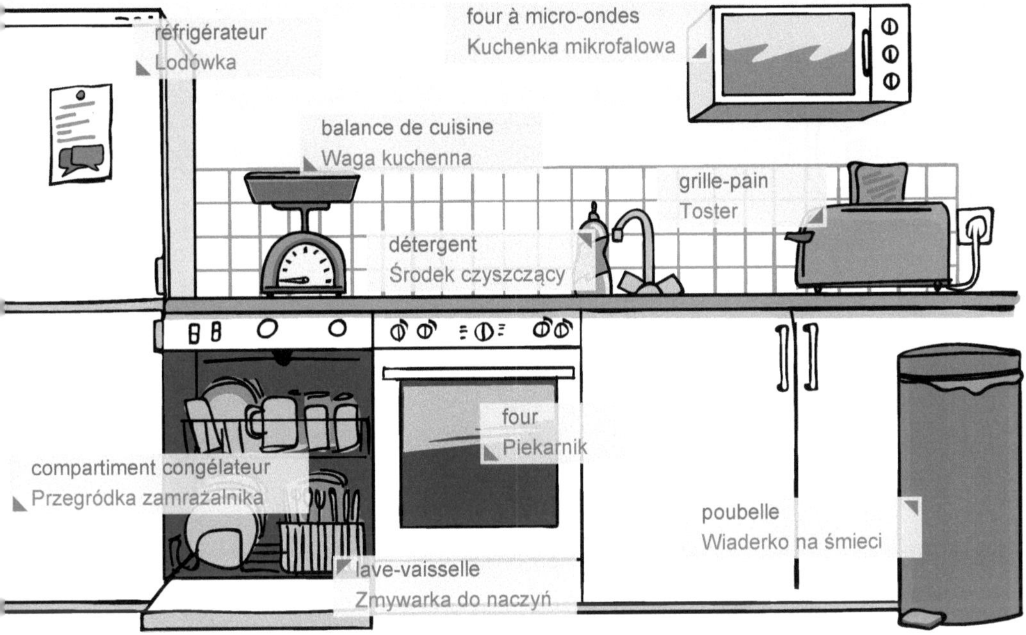
four à micro-ondes
Kuchenka mikrofalowa
réfrigérateur
Lodówka
balance de cuisine
Waga kuchenna
grille-pain
Toster
détergent
Środek czyszczący
four
Piekarnik
compartiment congélateur
Przegródka zamrażalnika
poubelle
Wiaderko na śmieci
lave-vaisselle
Zmywarka do naczyń

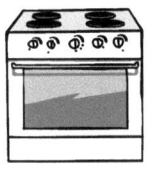

four
Kuchenka

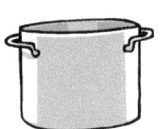

casserole
Garnek

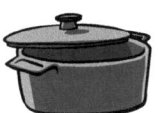

marmite
Kocioł żeliwny

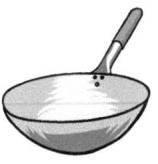

wok / kadai
Wok / Kadai

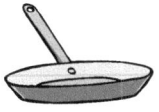

poêle
Patelnia

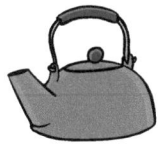

bouilloire electrique
Czajnik

cuiseur vapeur

Parowar

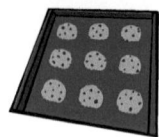

plaque de cuisson

Blacha do pieczenia

vaisselle

Naczynia kuchenne

gobelet

Kubek

coupe

Miska

baguettes

Pałeczki

louche

Nabierka

spatule

Łopatka do smażenia

fouet

Trzepaczka do śmietany

passoire

Cedzak

tamis

Sitko

râpe

Tarka

mortier

Moździerz

barbecue

Grillowanie

cheminée

Palenisko

planche à découper

Deska

rouleau à pâtisserie

Wałek do ciasta

tire-bouchon

Korkociąg

boîte

Puszka

ouvre-boîte

Otwieracz do puszek

maniques

Ściereczka do trzymania garnka

lavabo

Umywalka

brosse

Szczotka

éponge

Gąbka

mixeur

Mikser

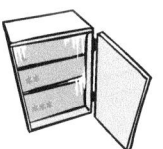

congélateur

Zamrażarka

biberon

Butelka dla niemowlęcia

robinet

Kran

salle de bain
Łazienka

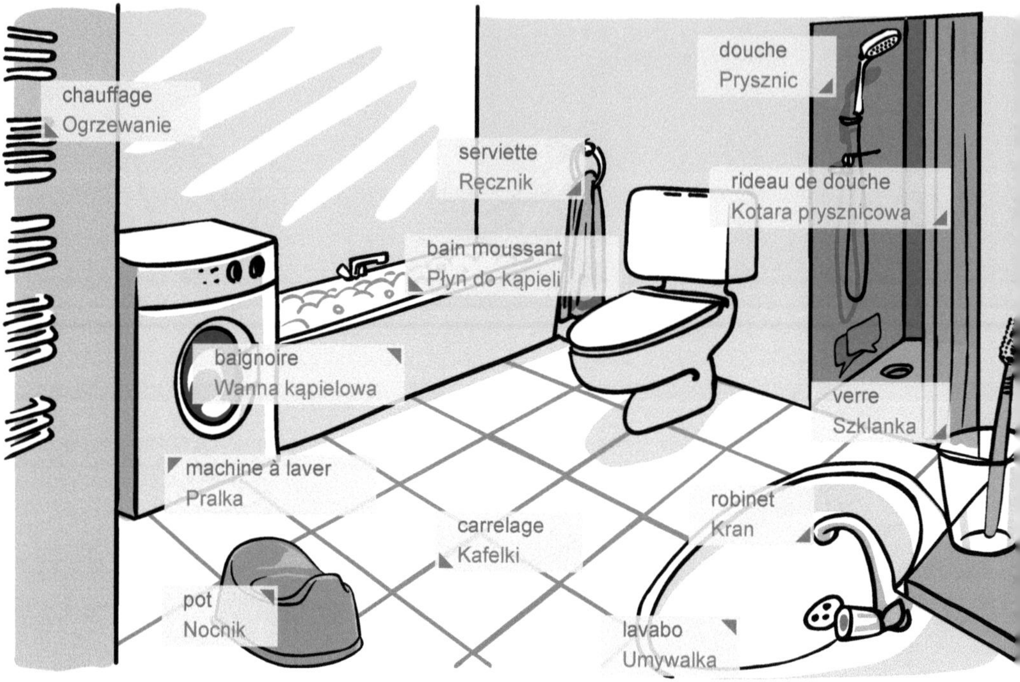

chauffage
Ogrzewanie
serviette
Ręcznik
douche
Prysznic
rideau de douche
Kotara prysznicowa
bain moussant
Płyn do kąpieli
baignoire
Wanna kąpielowa
verre
Szklanka
machine à laver
Pralka
robinet
Kran
carrelage
Kafelki
pot
Nocnik
lavabo
Umywalka

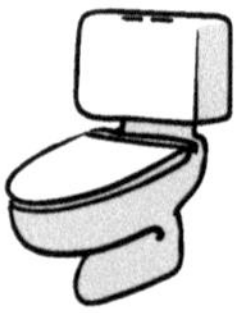

toilettes

Toaleta

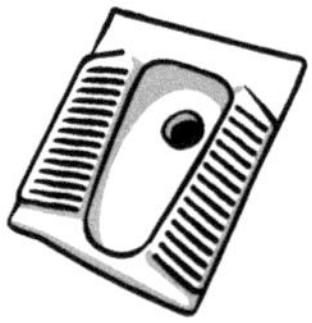

toilette à la turque

Toaleta kuczna

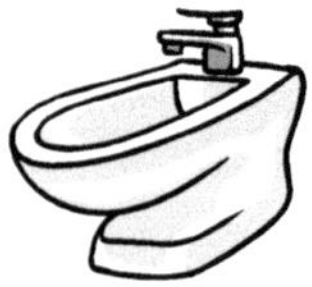

bidet

Bidet

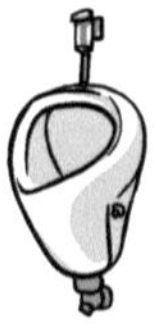

urinoir

Pisuar

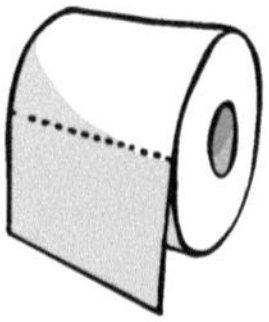

papier toilette

Papier toaletowy

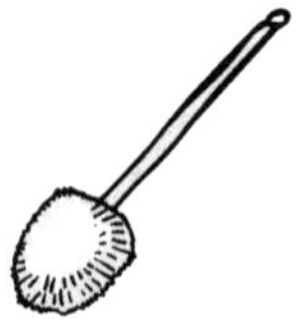

brosse à toilette

Szczotka toaletowa

brosse à dents

Szczoteczka do zębów

dentifrice

Pasta do zębów

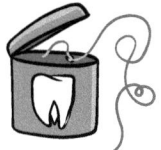

fil dentaire

Nitki do czyszczenia zębów

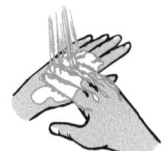

laver

myć

douche manuelle

Głowica prysznicowa

douche intime

Płyn kąpielowy do higieny intymnej

vasque

Miska do mycia

brosse dorsale

Szczotka kąpielowa

savon

Mydło

gel douche

Żel prysznicowy

shampooing

Szampon

gant de toilette

Rękawica kąpielowa

écoulement

Odpływ

crème

Krem

déodorant

Dezodorant

miroir

Lustro

miroir cosmétique

Lustro kosmetyczne

rasoir

Golarka

mousse à raser

Pianka do golenia

après-rasage

Woda po goleniu

peigne

Grzebień

brosse

Szczotka

sèche-cheveux

Suszarka do włosów

laque pour cheveux

Spray do włosów

fond de teint

Makijaż

rouge à lèvres

Pomadka

vernis à ongles

Lakier do paznokci

ouate

Wata

coupe-ongles

Nożyczki do paznokci

parfum

Perfum

trousse de toilette

Kosmetyczka

tabouret

Taboret

pèse-personne

Waga

peignoir

Szlafrok kąpielowy

gants de nettoyage

Rękawice gumowe

tampon

Tampon

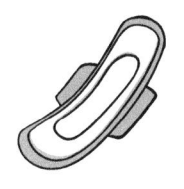

serviettes hygiéniques

Podpaska damska

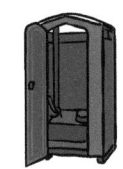

toilette chimique

Toaleta chemiczna

chambre d'enfant
Pokój dziecięcy

réveil
Budzik
doudou
Pluszowa przytulanka
voiture jouet
Samochodzik
hochet
Grzechotka
maison de poupée
Domek dla lalek
cadeau
Prezent

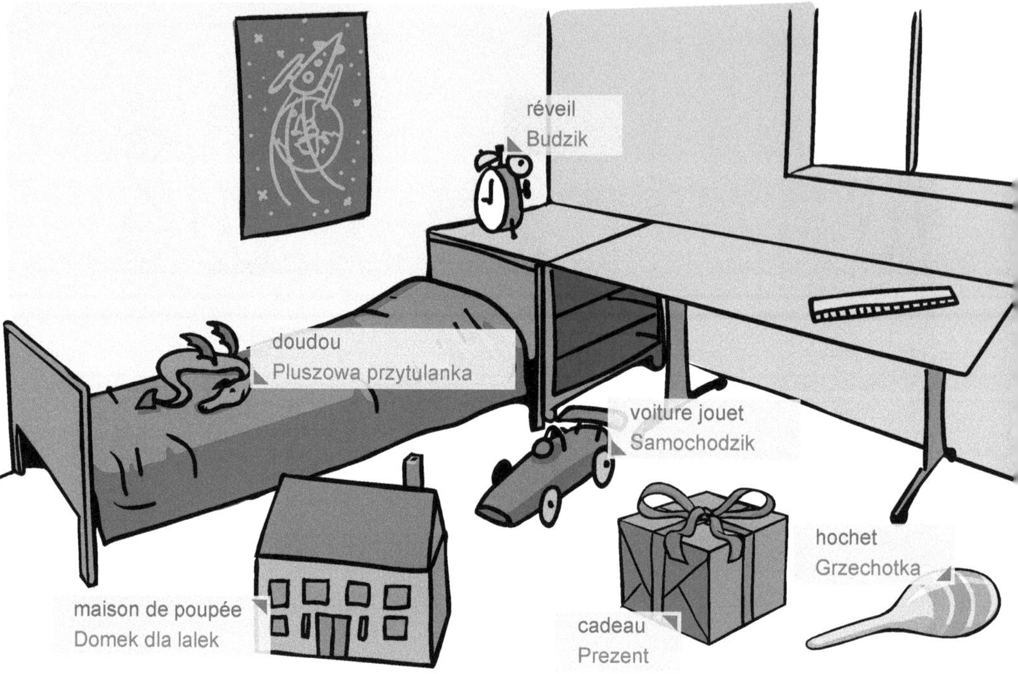

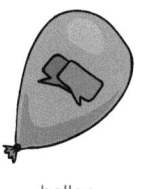

ballon

Balon

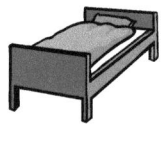

lit

Łóżko

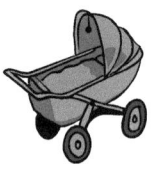

poussette

Wózek dziecięcy

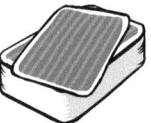

jeu de cartes

Gra w karty

puzzle

Puzzle

SUPER
MEGA

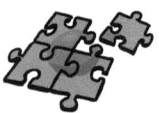

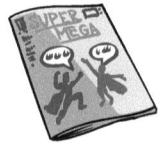

bande dessinée

Komiks

pièces lego

Klocki lego

blocs de construction

Klocki

figurine

Action figura

grenouillère

Śpioszek dziecięcy

frisbee

Frisbee

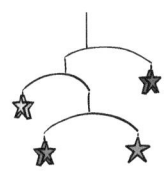

mobile

Zabawki ruchome

jeu de société

Gra planszowa

dé

Kości

train miniature

Kolejka elektryczna

sucette

Smoczek

fête

Przyjęcie

livre d'images

Książka z ilustracjami

balle

Piłka

poupée

Lalka

jouer

bawić się

bac à sable

Piaskownica

balançoire

Huśtawka

jouets

Zabawki

console de jeu

Konsola do gier

tricycle

Rowerek trójkołowy

ours en peluche

Pluszowy miś

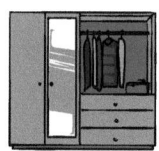

armoire

Szafa ubraniowa

vêtements
Ubiór

chaussettes

Skarpety

bas

Pończochy

collant

Rajstopy

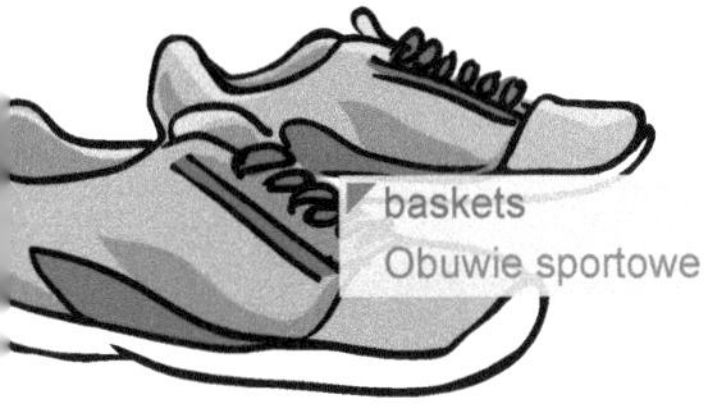

écharpe
Szal

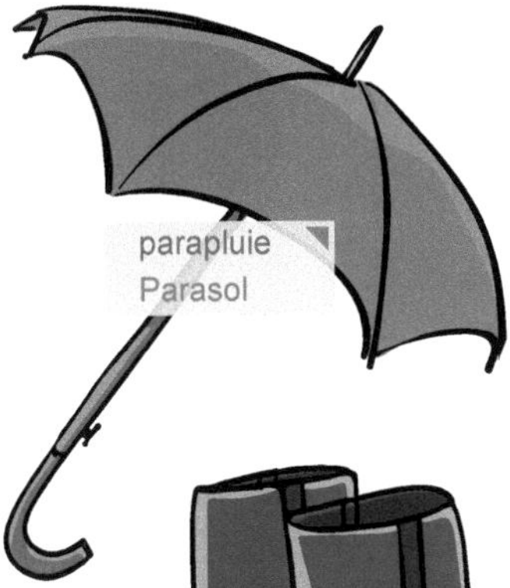

parapluie
Parasol

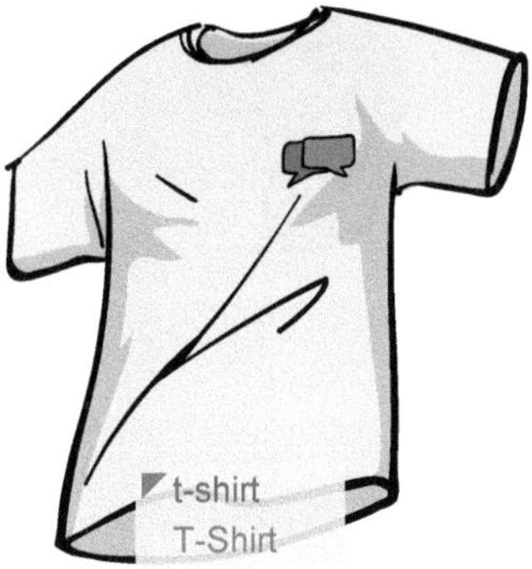

t-shirt
T-Shirt

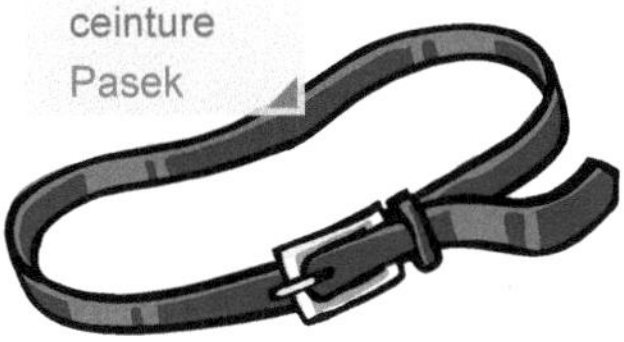

ceinture
Pasek

baskets
Obuwie sportowe

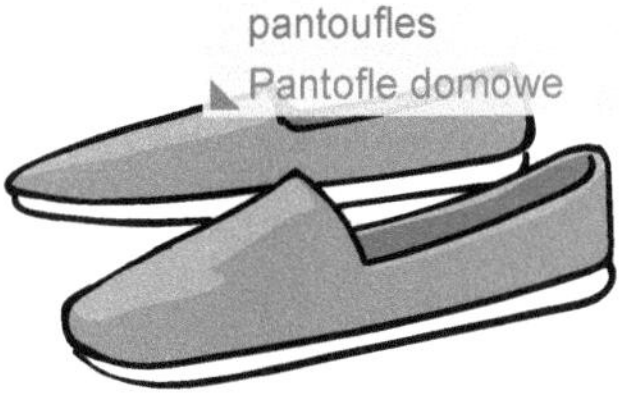

bottes
Kozaki

pantoufles
Pantofle domowe

sandales
....
Sandały

chaussures
....
Buty

bottes de caoutchouc
....
Kalosze

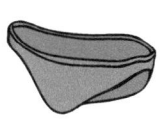

sous-vêtements
....
Majtki

soutien-gorge
....
Biustonosz

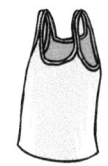

maillot de corps
....
Podkoszulek

body

Body

pantalon

Spodnie

jean

Dżins

jupe

Spódnica

chemisier

Bluzka

chemise

Koszula

pull

Pulower

sweat à capuche

Bluza sportowa

veste

Marynarka

veste

Kurtka

manteau

Płaszcz

imperméable

Płaszcz przeciwdeszczowy

costume

Kostium

robe

Sukienka

robe de mariée

Suknia ślubna

costume

Garnitur męski

chemise de nuit

Koszula nocna

pyjama

Piżama

sari

Sari

foulard

Chusta na głowę

turban

Turban

burqa

Burka

caftan

Kaftan

abaya

Abaya

maillot de bain

Strój kąpielowy

maillot de bain

Kąpielówki

short

Krótkie spodnie

tenue d'entraînement

Dres sportowy

tablier

Fartuch

gants

Rękawiczki

bouton

Guzik

lunettes

Okulary

bracelet

Bransoletka

collier

Łańcuszek

bague

Pierścionek

boucle d'oreille

Kolczyk

bonnet

Czapka

cintre

Wieszak

chapeau

Kapelusz

cravate

Krawat

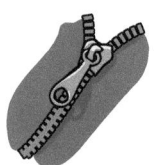

fermeture éclair

Zamek błyskawiczny

casque

Kask

bretelles

Szelki

uniforme scolaire

Mundurek szkolny

uniforme

Mundur

bavoir

Śliniaczek

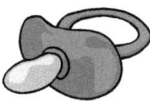

sucette

Smoczek

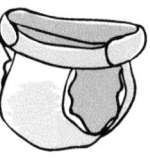

lange

Pieluszka

bureau
Biuro

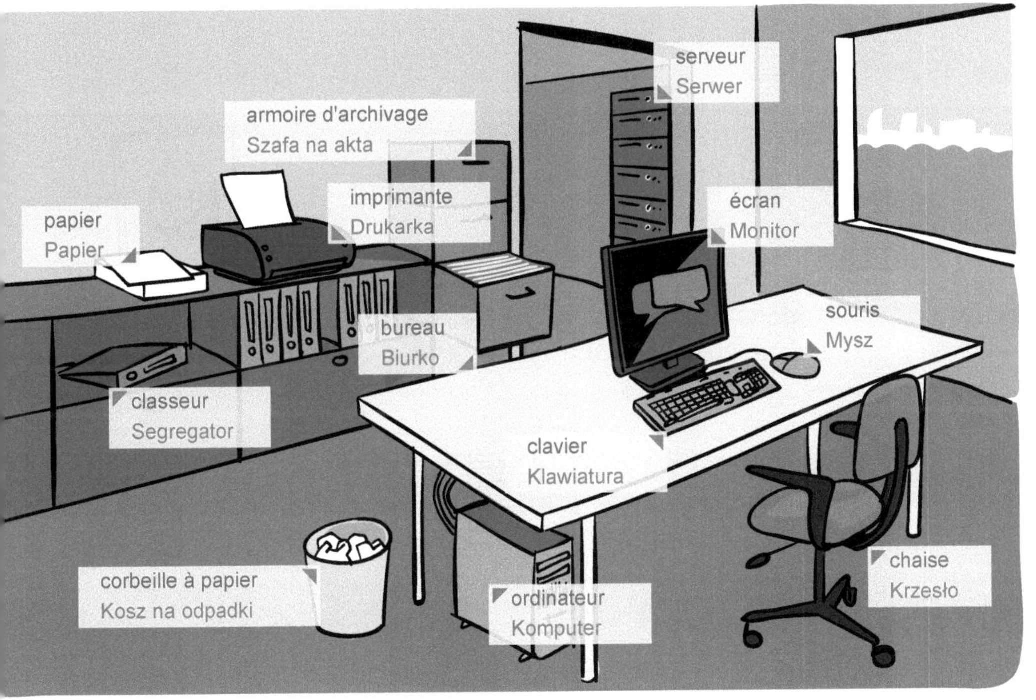

serveur
Serwer

armoire d'archivage
Szafa na akta

imprimante
Drukarka

écran
Monitor

papier
Papier

souris
Mysz

bureau
Biurko

classeur
Segregator

clavier
Klawiatura

corbeille à papier
Kosz na odpadki

chaise
Krzesło

ordinateur
Komputer

tasse de café

Filiżanka do kawy

calculatrice

Kalkulator

internet

Internet

ordinateur portable

Laptop

lettre

List

message

Wiadomość

portable

Komórka

réseau

Sieć

photocopieuse

Kopiarka

logiciel

Oprogramowanie

téléphone

Telefon

prise

Gniazdko

fax

Faks

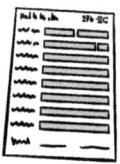

formulaire

Formularz

document

Dokument

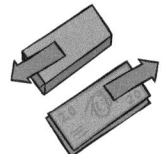

acheter

kupić

payer

płacić

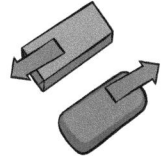

faire du commerce

postępować

monnaie

Pieniądze

dollar

Dolar

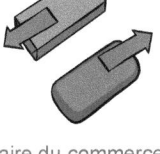

euro

Euro

yen

Jen

rouble

Rubel

franc suisse

Frank

renminbi yuan

Juan Renminbi

roupie

Rupia

distributeur automatique

Bankomat

bureau de change

Kantor wymiany walut

or

Złoto

argent

Srebro

pétrole

Olej

énergie

Energia

prix

Cena

contrat

Umowa

taxe

Podatek

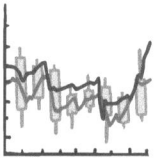

action

Akcja

travailler

pracować

employé

Pracownik umysłowy

employeur

Pracodawca

usine

Fabryka

magasin

Sklep

agent de police
Policjant

pompier
Strażak

cuisinier
Kucharz

médecin
Lekarz

pilote
Pilot

jardinier
Ogrodnik

menuisier
Stolarz

couturière
Krawcowa

juge
Sędzia

chimiste
Chemik

acteur
Aktor

conducteur de bus

Kierowca autobusu

chauffeur de taxi

Taksówkarz

pêcheur

Fischer

femme de ménage

Sprzątaczka

couvreur

Dekarz

serveur

Kelner

chasseur

Myśliwy

peintre

Malarz

boulanger

Piekarz

électricien

Elektryk

ouvrier

Robotnik budowlany

ingénieur

Inżynier

boucher

Rzeźnik

plombier

Instalator

facteur

Listonosz

professions - Zawody

soldat

Żołnierz

architecte

Architekt

caissier

Kasjer

fleuriste

Florysta

coiffeur

Fryzjer

contrôleur

Konduktor

mécanicien

Mechanik

capitaine

Kapitan

dentiste

Dentysta

scientifique

Naukowiec

rabbin

Rabin

imam

Imam

moine

Mnich

prêtre

Proboszcz

outils
Narzędzia

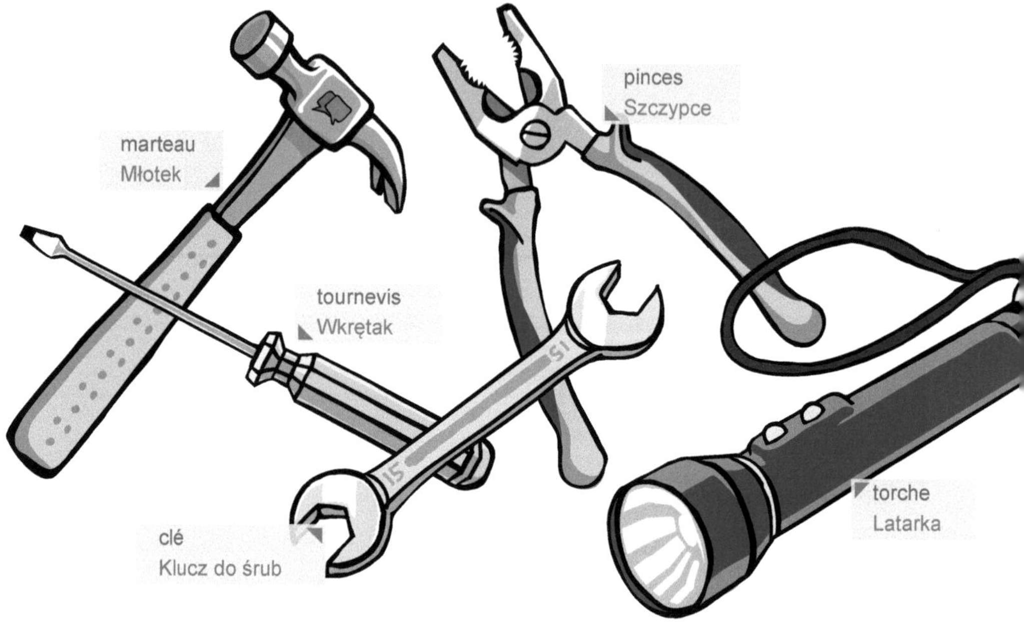
pinces
Szczypce
marteau
Młotek
tournevis
Wkrętak
torche
Latarka
clé
Klucz do śrub

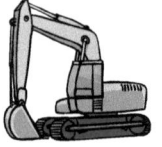

pelleteuse

Koparka

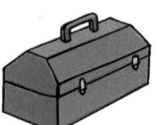

boîte à outils

Skrzynka narzędziowa

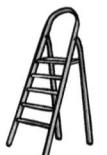

échelle

Drabina

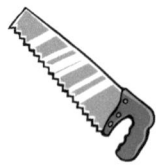

scie

Piła

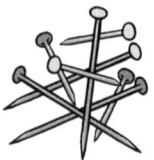

clous

Gwoździe

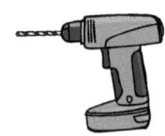

perceuse

Wiertło

réparer
naprawić

pelle
Łopatka

Mince !
Cholera!

pelle
Szufelka

pot de peinture
Puszka z farbą

vis
Śruby

instruments de musique
Instrumenty muzyczne

batterie
Perkusja

haut-parleurs
Głośnik

contrebasse
Kontrabas

trompette
Trąbka

guitare
Gitara

piano

Pianino

violon

Skrzypce

basse

Bas

timbales

Kotły

tambour

Bęben

piano électrique

Keyboard

saxophone

Saksofon

flûte

Flet

microphone

Mikrofon

ZOO
Zoo

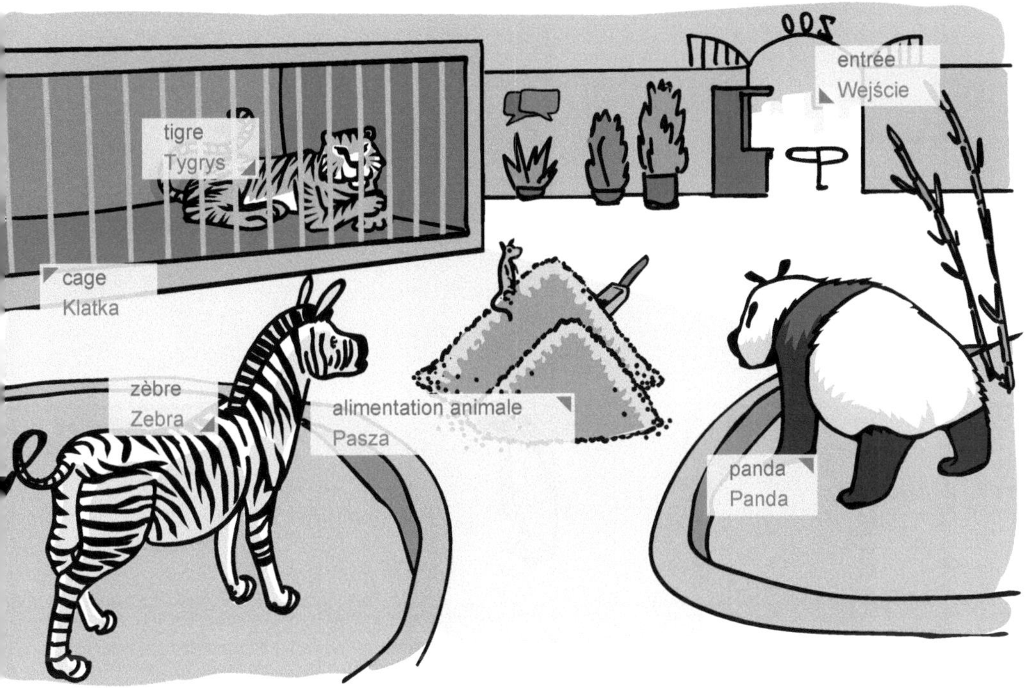
entrée
Wejście
tigre
Tygrys
cage
Klatka
zèbre
Zebra
alimentation animale
Pasza
panda
Panda
zoo

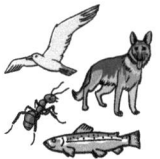

animaux

Zwierzęta

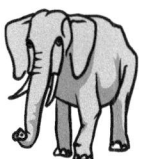

éléphant

Słoń

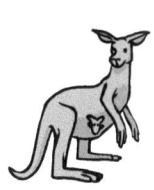

kangourou

Kangur

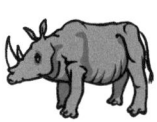

rhinocéros

Nosorożec

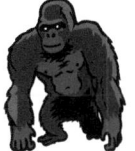

gorille

Goryl

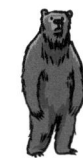

ours

Niedźwiedź

chameau

Wielbłąd

autruche

Struś

lion

Lew

singe

Małpa

flamand rose

Fleming

perroquet

Papuga

ours polaire

Niedźwiedź polarny

pingouin

Pingwin

requin

Rekin

paon

Paw

serpent

Wąż

crocodile

Krokodyl

gardien de zoo

Dozorca w zoo

phoque

Foka

jaguar

Jaguar

poney

Kucyk

léopard

Gepard

hippopotame

Hipopotam

girafe

Żyrafa

aigle

Orzeł

sanglier

Dzik

poisson

Ryba

tortue

Żółw

morse

Mors

renard

Lis

gazelle

Gazela

american Football
Futbol amerykański

cyclisme
Kolarstwo

tennis
Tenis

basket-ball
Koszykówka

natation
Pływanie

boxe
Boks

hockey sur glace
Hokej na lodzie

football
Piłka nożna

badminton
Badminton

athlétisme
Lekka atletyka

handball
Piłka ręczna

ski
Narciarstwo

polo
Polo

activités
Działania

sauter
skakać
embrasser
objąć
rire
śmiać się
marcher
iść
chanter
śpiewać
rêver
marzyć
prier
modlić się
faire la bise
całować

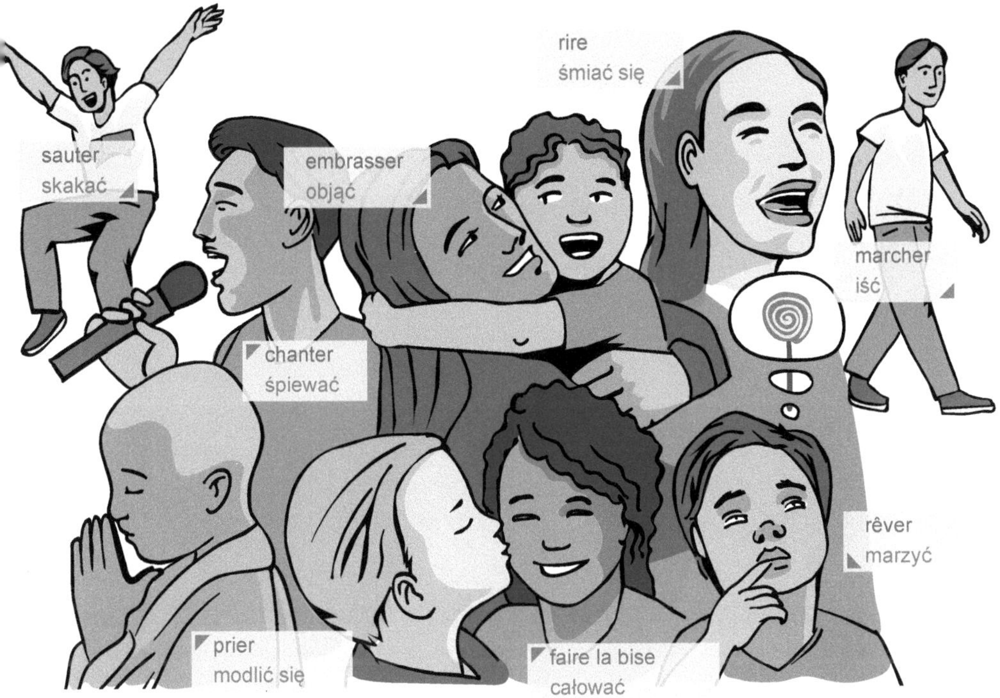

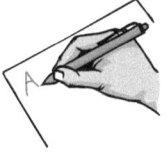

écrire
....
pisać

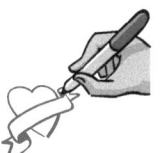

dessiner
....
rysować

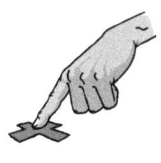

montrer
....
pokazywać

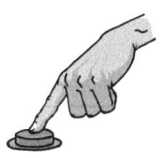

pousser
....
nacisnąć

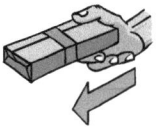

donner
....
dać

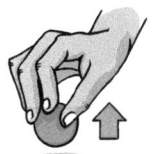

prendre
....
wziąć

avoir

mieć

faire

robić

être

być

être debout

stać

courir

biegać

trier

ciągnąć

jeter

rzucać

tomber

spaść

être couché

leżeć

attendre

czekać

porter

nosić

être assis

siedzieć

s'habiller

zakładać

dormir

spać

se réveiller

budzić się

regarder
spojrzeć

pleurer
płakać

caresser
głaskać

peigner
czesać się

parler
mówić

comprendre
rozumieć

demander
pytać

écouter
słyszeć

boire
pić

manger
jeść

ranger
sprzątać

aimer
kochać

cuire
gotować

conduire
jechać

voler
latać

faire de la voile

żeglować

calculer

liczyć

lire

czytać

apprendre

uczyć się

travailler

pracować

se marier

wejść w związek małżeński

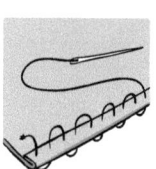

coudre

szyć

brosser les dents

myć zęby

tuer

zabić

fumer

palić tytoń

envoyer

wysłać

famille
Rodzina

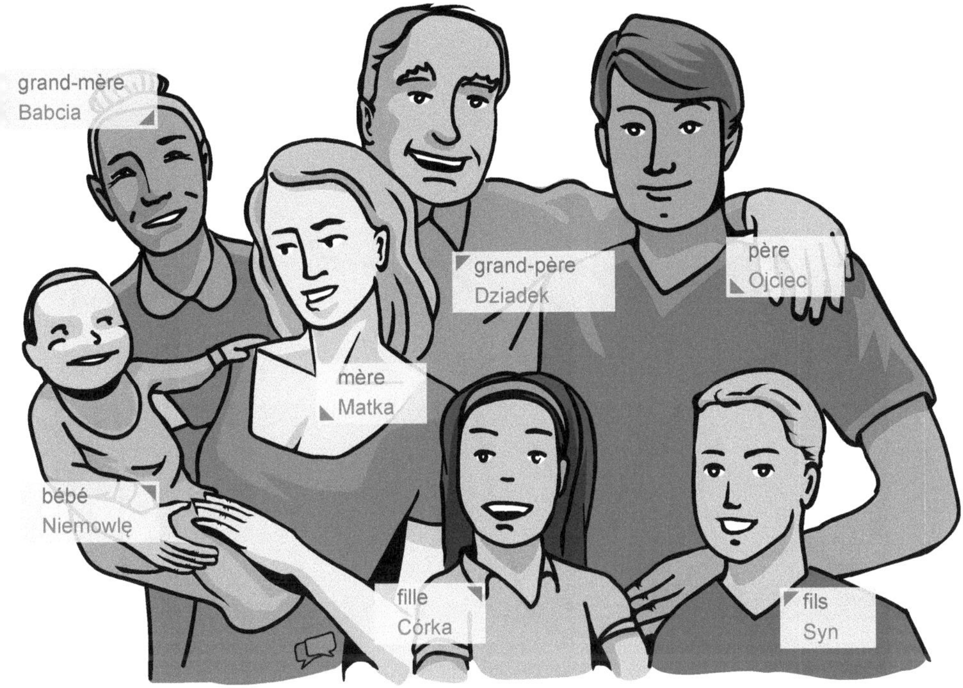
grand-mère
Babcia
grand-père
Dziadek
père
Ojciec
mère
Matka
bébé
Niemowlę
fille
Córka
fils
Syn

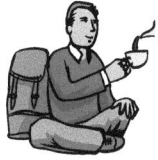

hôte

Gość

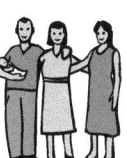

tante

Ciotka

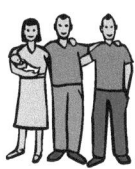

oncle

Wujek

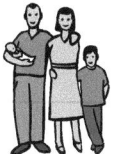

frère

Brat

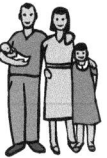

sœur

Siostra

corps
Ciało

front
Czoło
œil
Oko
épaule
Ramię
doigt
Palec
visage
Twarz
menton
Broda
main
Ręka
jambe
Noga
poitrine
Pierś
bras
Ramię

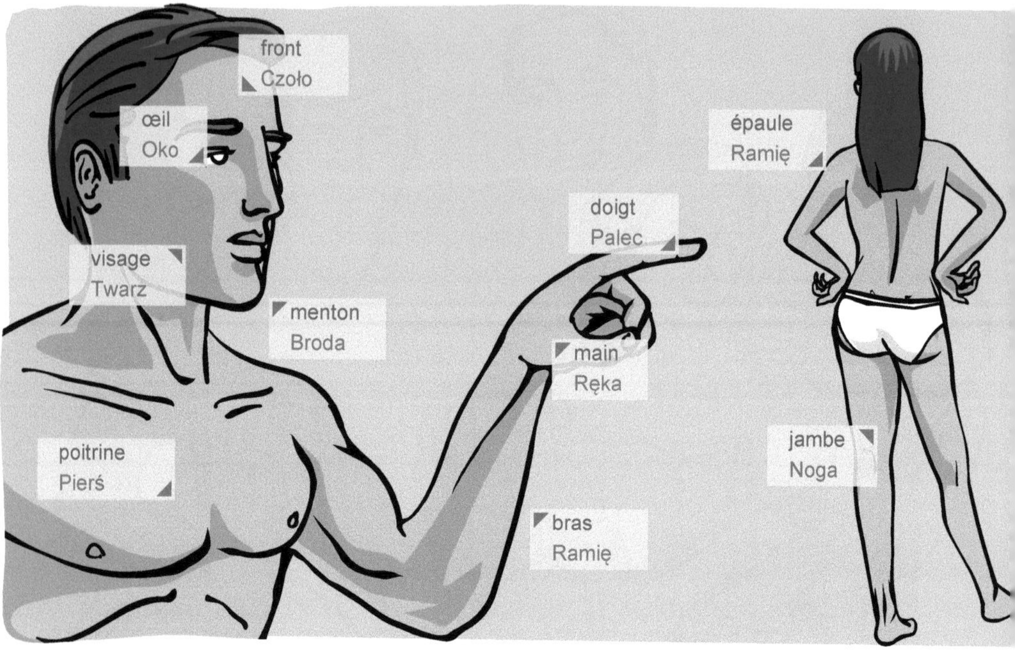

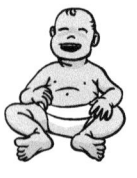

bébé

Niemowlę

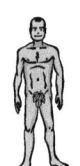

homme

Mężczyzna

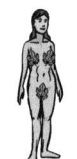

femme

Kobieta

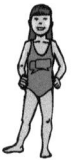

fille

Dziewczyna

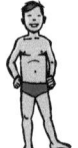

garçon

Chłopiec

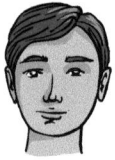

tête

Głowa

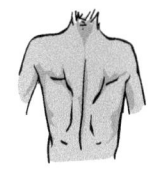

dos

Plecy

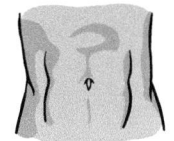

ventre

Brzuch

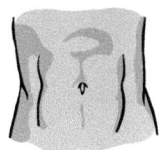

nombril

Pępek

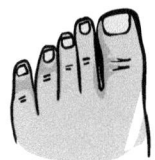

orteil

palec nogi

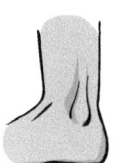

talon

Pięta

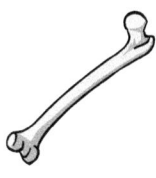

os

Kość

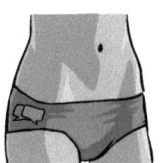

hanche

Biodro

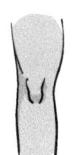

genou

Kolano

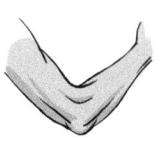

coude

Łokieć

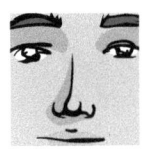

nez

Nos

fesses

Pośladki

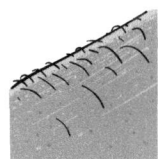

peau

Skóra

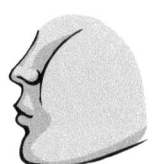

joue

Policzek

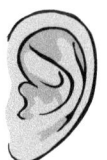

oreille

Uszy

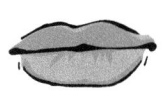

lèvre

Warga

bouche

Usta

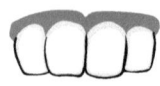

dent

Ząb

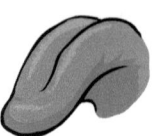

langue

Język

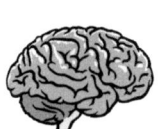

cerveau

Mózg

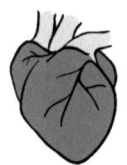

cœur

Serce

muscle

Mięsień

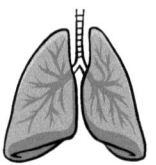

poumons

Płuca

foie

Wątroba

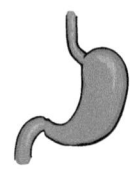

estomac

Żołądek

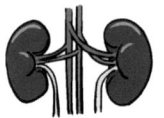

reins

Nerki

rapport sexuel

Stosunek płciowy

préservatif

Kondom

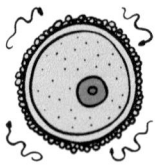

ovule

Komórka jajowa

sperme

Sperma

grossesse

Ciąża

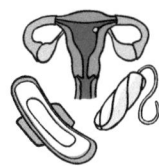

menstruation

Menstruacja

vagin

Wagina

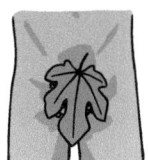

pénis

Penis

sourcil

Brew

cheveux

Włosy

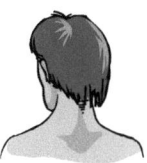

cou

Szyja

corps - Ciało

hôpital
Szpital

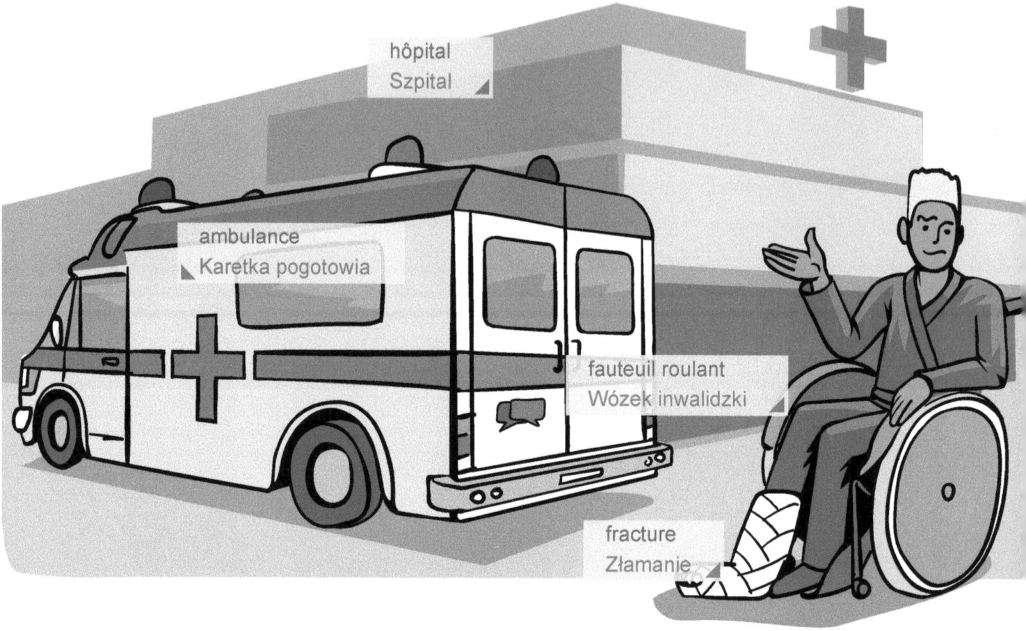

hôpital
Szpital
ambulance
Karetka pogotowia
fauteuil roulant
Wózek inwalidzki
fracture
Złamanie

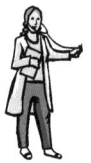

médecin

Lekarz

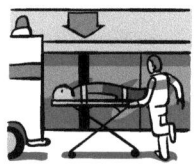

service des urgences

Izba przyjęć

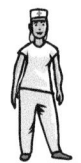

infirmière

Pielęgniarka

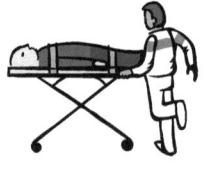

urgence

Nagły przypadek

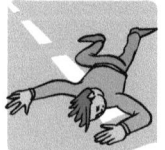

inconscient

nieprzytomny

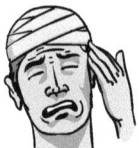

douleur

Ból

blessure

Skaleczenie

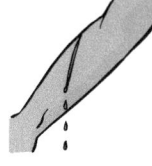

hémorragie

Krwawienie

crise cardiaque

Zawał serca

attaque cérébrale

Udar mózgu

allergie

Alergia

toux

Kaszleć

fièvre

Gorączka

grippe

Grypa

diarrhée

Biegunka

mal de tête

Ból głowy

cancer

Rak

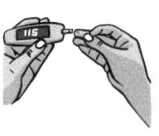

diabète

Cukrzyca

chirurgien

Chirurg

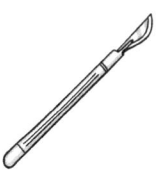

scalpel

Skalpel

opération

Operacja

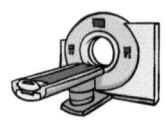

CT

CT

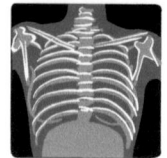

radiographie

Rentgen

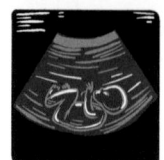

échographie

Ultradźwięki

masque

Maska

maladie

Choroba

salle d'attente

Poczekalnia

béquille

Kula

pansement

Plaster

pansement

Opatrunek

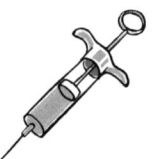

injection

Iniekcja

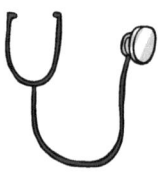

stéthoscope

Stetoskop

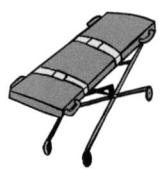

brancard

Nosze

thermomètre

Termometr

accouchement

Poród

surcharge pondérale

Nadwaga

appareil auditif

Aparat słuchowy

désinfectant

Środek dezynfekcyjny

infection

Infekcja

virus

Wirus

VIH / sida

HIV / AIDS

médicament

Medycyna

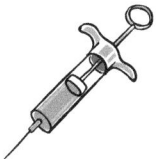

vaccination

Szczepienie

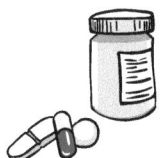

comprimés

Tabletki

pilule

Pigułka

appel d'urgence

Telefon ratunkowy

tensiomètre

Ciśnieniomierz krwi

malade / sain

chory / zdrowy

Au secours !

Pomocy!

assaut

Napad

attaque

Atak

danger

Niebezpieczeństwo

sortie de secours

Wyjście awaryjne

Au feu!

Pożar!

extincteur

Gaśnica

accident

Wypadek

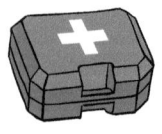

trousse de premier secours

Walizeczka pierwszej pomocy

SOS

SOS

police

Policja

alarme

Alarm

Europe

Europa

Amérique du Nord

Ameryka Północna

Amérique du Sud

Ameryka Południowa

Afrique

Afryka

Asie

Azja

Australie

Australia

Océan atlantique

Atlantyk

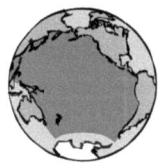

Océan pacifique

Pacyfik

Océan indien

Ocean Indyjski

Océan antarctique

Ocean Antarktyczny

Océan arctique

Ocean Arktyczny

pôle nord

Biegun północny

pôle sud

Biegun południowy

Antarctique

Antarktyda

terre

Ziemia

pays

Kraj

mer

Morze

île

Wyspa

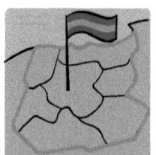

nation

Naród

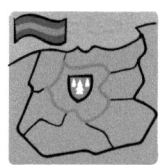

état

Państwo

cadran

Cyferblat

aiguille des heures

Wskazówka godzinowa

aiguille des minutes

Wskazówka minutowa

aiguille des secondes

Wskazówka sekundowa

Quelle heure est-il ?

Która godzina?

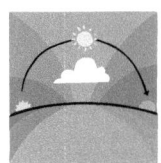

jour

Dzień

temps

Czas

maintenant

teraz

montre digitale

Zegarek digitalny

minute

Minuta

heure

Godzina

semaine
Tydzień

lundi
Poniedziałek

MO

W Środa
mercredi

vendredi
Piątek
FR

TU

TH

mardi
Wtorek

samedi
Sobota
SA

SO

jeudi
Czwartek

dimanche
Niedziela

TUE **MON** 2 1

hier
wczoraj

TUE 2

aujourd'hui
dzisiaj

TUE 3

demain
jutro

matin
Rano

midi
Południe

soir
Wieczór

MO	TU	WE	TH	FR	SA	SU
1	2	3	4	5	6	7
8	9	10	11	12	13	14
15	16	17	18	19	20	21
22	23	24	25	26	27	28
29	30	31	1	2	3	4

jours ouvrables
Dni robocze

MO	TU	WE	TH	FR	SA	SU
1	2	3	4	5	6	7
8	9	10	11	12	13	14
15	16	17	18	19	20	21
22	23	24	25	26	27	28
29	30	31	1	2	3	4

week-end
Weekend

année
Rok

pluie
Deszcz
arc-en-ciel
Tęcza
neige
Śnieg
vent
Wiatr
printemps
Wiosna
automne
Jesień
été
Lato
hiver
Zima

4.APRIL 11°
5.APRIL 4°
6.APRIL 13°
7.APRIL 8°
8.APRIL 10°

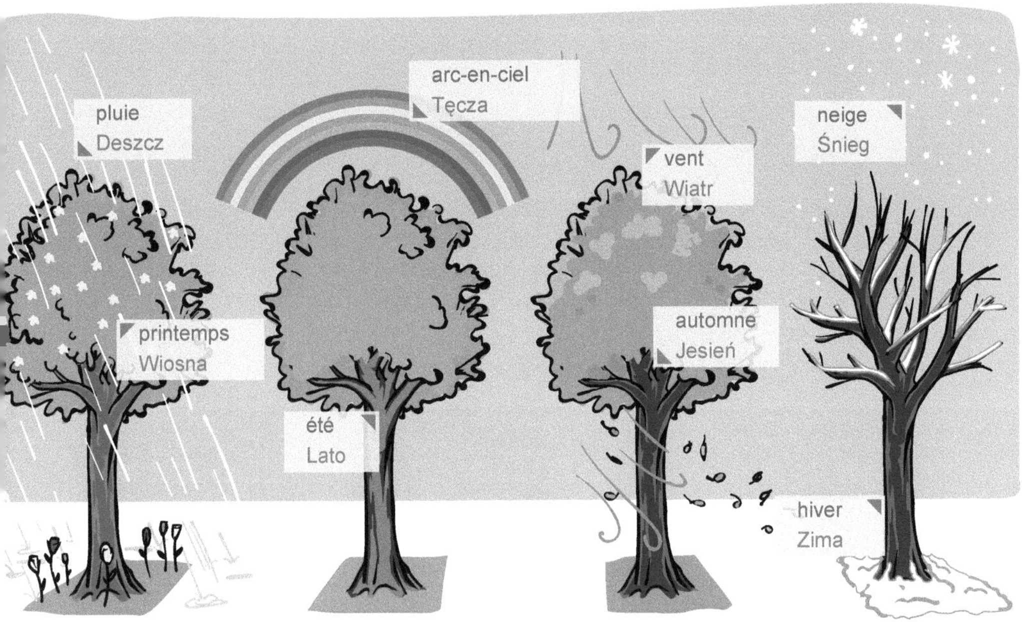

météo

Prognoza pogody

F
C

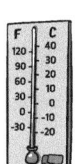

thermomètre

Termometr

lumière du soleil

Światło słoneczne

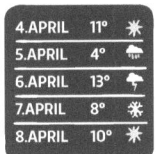

nuage

Chmura

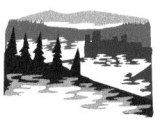

brouillard

Mgła

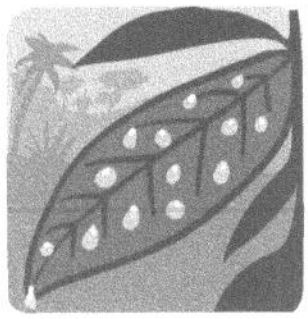

humidité

Wilgotność powietrza

foudre
....
Błyskawica

tonnerre
....
Grzmot

tempête
....
Sztorm

grêle
....
Grad

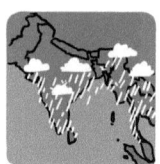

mousson
....
Monsun

inondation
....
Potop

glace
....
Lód

janvier
....
Styczeń

février
....
Luty

mars
....
Marzec

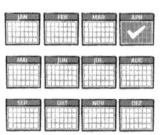

avril
....
Kwiecień

mai
....
Maj

juin
....
Czerwiec

juillet
....
Lipiec

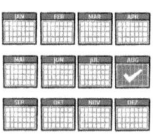

août
....
Sierpień

année - Rok

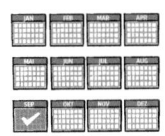

septembre
....
Wrzesień

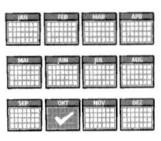

octobre
....
Październik

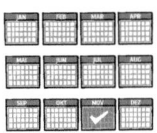

novembre
....
Listopad

décembre
....
Grudzień

formes
Kształty

cercle
....
Koło

carré
....
Kwadrat

rectangle
....
Prostokąt

triangle
....
Trójkąt

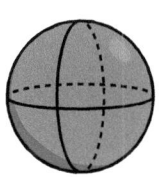

sphère
....
Kula

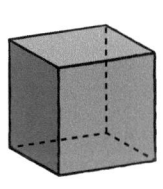

cube
....
Sześcian

blanc

biały

jaune

żółty

orange

pomarańczowy

rose

różowy

rouge

czerwony

violet

liliowy

bleu

niebieski

vert

zielony

marron

brązowy

gris

szary

noir

czarny

beaucoup / peu

dużo / mało

fâché / calme

wściekły / spokojny

joli / laid

piękny / brzydki

début / fin

początek / koniec

grand / petit

duży / mały

clair / obscure

jasny / ciemny

frère / soeur

brat / siostra

propre / sale

czysty / brudny

complet / incomplet

kompletny / niekompletny

jour / nuit

dzień / noc

mort / vivant

umarły / żywy

large / étroit

szeroki / wąski

comestible / incomestible

jadalny / niejadalny

méchant / gentil

zły / uprzejmy

excité / ennuyé

podniecony / znudzony

gros / mince

gruby / chudy

premier / dernier

najpierw / na końcu

ami / ennemi

przyjaciel / wróg

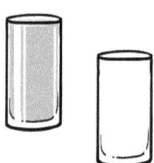

plein / vide

pełen / pusty

dur / souple

twardy / miękki

lourd / léger

ciężki / lekki

faim / soif

głód / pragnienie

malade / sain

chory / zdrowy

illégal / légal

nielegalny / legalny

intelligent / stupide

inteligentny / głupi

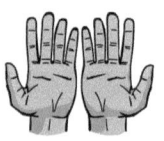

gauche / droite

lewo / prawo

proche / loin

bliski / daleki

nouveau / usé

nowy / używany

rien / quelque chose

nic / coś

vieux / jeune

stary / młody

marche / arrêt

włącz / wyłącz

ouvert / fermé

otwarty / zamknięty

faible / fort

cichy / głośny

riche / pauvre

bogaty / biedny

correct / incorrect

prawidłowy / błędny

rugueux / lisse

chropowaty / gładki

triste / heureux

smutny / szczęśliwy

court / long

krótki / długi

lent / rapide

powolny / szybki

mouillé / sec

mokry/suchy

chaud / froid

ciepły / chłodny

guerre / paix

wojna / pokój

0	**1**	**2**
zéro	un / une	deux
zero	jeden	dwa

3	**4**	**5**
trois	quatre	cinq
trzy	cztery	pięć

6	**7**	**8**
six	sept	huit
sześć	siedem	osiem

9	**10**	**11**
neuf	dix	onze
dziewięć	dziesięć	jedenaście

12

douze

dwanaście

13

treize

trzynaście

14

quatorze

czternaście

15

quinze

piętnaście

16

seize

szesnaście

17

dix-sept

siedemnaście

18

dix-huit

osiemnaście

19

dix-neuf

dziewiętnaście

20

vingt

dwadzieścia

100

cent

sto

1.000

mille

tysiąc

1.000.000

million

milion

anglais

Angielski

anglais américain

Angielski amerykański

chinois mandarin

Chiński mandaryński

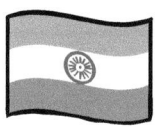

hindi

Hindi

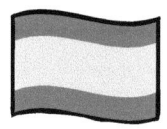

espagnol

Hiszpański

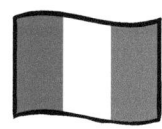

français

Francuski

arabe

Arabski

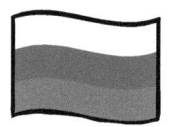

russe

Rosyjski

portugais

Portugalski

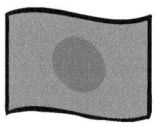

bengali

Bengalski

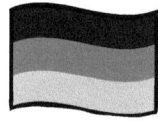

allemand

Niemiecki

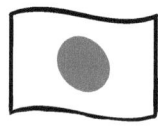

japonais

Japoński

je
....
ja

tu
....
ty

il / elle / ce, c', cela
....
on / ona / ono

nous
....
my

vous
....
wy

ils / elles
....
oni

Qui ?
....
kto?

Quoi ?
....
co?

Comment ?
....
jak?

Où ?
....
gdzie?

Quand ?
....
kiedy?

nom
....
Nazwisko

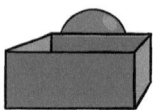

derrière

za

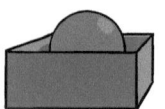

dans

w

devant

przed

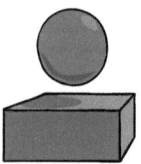

au-dessus

powyżej

sur

na

en-dessous

pod

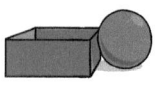

à côté de

obok

entre

między

lieu

Miejsce